ORGANISATION

DES CONSEILS

D'HYGIÈNE PUBLIQUE

ET

DE SALUBRITÉ.

Aperçu sur les attributions de ces conseils appliquées au département de l'Eure par le docteur FORTIN, secrétaire du conseil central.

ÉVREUX,
CANU, IMPRIMEUR DE LA PRÉFECTURE, RUE CHARTRAINE.
—
1852.

ORGANISATION

DES CONSEILS

D'HYGIÈNE PUBLIQUE

ET

DE SALUBRITÉ.

Aperçu sur les attributions de ces conseils appliquées au département de l'Eure par le docteur FORTIN, secrétaire du conseil central.

ORGANISATION

DES CONSEILS

D'HYGIÈNE PUBLIQUE

ET

DE SALUBRITÉ.

AU NOM DU PEUPLE FRANÇAIS.

Le Président du Conseil des Ministres, chargé du Pouvoir exécutif,

Sur le rapport du Ministre de l'agriculture et du commerce ;
Le Conseil d'Etat entendu ;

Arrête :

TITRE PREMIER.

DES INSTITUTIONS D'HYGIÈNE PUBLIQUE ET DE LEUR ORGANISATION.

Art. 1er. Dans chaque arrondissement il y aura un Conseil d'hygiène publique et de salubrité.

Le nombre des membres de ce Conseil sera de sept au moins et de quinze au plus.

Art. 2. Les membres du Conseil d'hygiène d'arrondissement seront nommés pour quatre ans par le Préfet et renouvelés par moitié tous les deux ans.

Art. 3. Des Commissions d'hygiène publique pourront être instituées dans les chefs-lieux de canton par un arrêté spécial du préfet, après avoir consulté le Conseil d'arrondissement.

Art. 4. Il y aura au chef-lieu de la préfecture un Conseil d'hygiène publique et de salubrité de département.

Les membres de ce Conseil seront nommés pour quatre ans par le préfet et renouvelés par moitié tous les deux ans.

Il réunira les attributions des Conseils d'hygiène d'arrondissement aux attributions particulières qui sont énumérées à l'article 12.

Art. 5. Chaque Conseil élira un vice-président et un secrétaire, qui seront renouvelés tous les deux ans.

Art. 6. Les Conseils d'hygiène et les Commissions se réuniront au moins une fois tous les trois mois, et chaque fois qu'ils seront convoqués par l'autorité.

Art. 7. Les membres des Commissions d'hygiène de canton pourront être appelés aux séances du Conseil d'hygiène d'arrondissement, ils ont voix consultative.

Art. 8. Tout membre des Conseils ou des Commissions de canton qui, sans motifs d'excuses approuvés par le préfet, aura manqué de se rendre à trois convocations consécutives, sera considéré comme démissionnaire.

TITRE II.

ATTRIBUTIONS DES CONSEILS ET DES COMMISSIONS D'HYGIÈNE PUBLIQUE.

Art. 9. Les Conseils d'hygiène d'arrondissement sont chargés de l'examen des questions relatives à l'hygiène publique de l'arrondissement, qui leur seront renvoyées par le préfet ou le sous-préfet. Ils peuvent être spécialement consultés sur les objets suivants :

1° L'assainissement des localités et des habitations ;

2° Les mesures à prendre pour prévenir et combattre les maladies endémiques, épidémiques et transmissibles ;

3° Les épizooties et les maladies des animaux ;

4° La propagation de la vaccine ;

5° L'organisation et la distribution des secours médicaux aux malades indigents ;

6° Les moyens d'améliorer les conditions sanitaires des populations industrielles et agricoles ;

7° La salubrité des ateliers, écoles, hôpitaux, maisons d'aliénés, établissements de bienfaisance, casernes, arsenaux, prisons, dépôts de mendicité, asiles, etc. ;

8° Les questions relatives aux enfants trouvés ;

9° La qualité des aliments, boissons, condiments et médicaments livrés au commerce ;

10° L'amélioration des établissements d'eaux minérales appartenant à l'État, aux départements, aux communes et aux particuliers, et les moyens d'en rendre l'usage accessible aux malades pauvres ;

11° Les demandes en autorisation, translation ou révocation des établissements dangereux, insalubres ou incommodes ;

12° Les grands travaux d'utilité publique, constructions d'édifices, écoles, prisons, casernes, ports, canaux, réservoirs, fontaines, halles, établissements des marchés, routoirs, égouts, cimetières, la voirie, etc. ; sous le rapport de l'hygiène publique.

Art. 10. Les Conseils d'hygiène publique d'arrondissement réuniront et coordonneront les documents relatifs à la mortalité et à ses causes, à la topographie et à la statistique de l'arrondissement, en ce qui touche la salubrité publique.

Ils adresseront régulièrement ces pièces au préfet, qui en transmettra une copie au ministre du commerce.

Art. 11. Les travaux des Conseils d'arrondissement seront envoyés au préfet.

Art. 12. Le Conseil d'hygiène publique et de salubrité du département aura pour mission de donner son avis :

1° Sur toutes les questions d'hygiène publique qui lui seront renvoyées par le préfet;

2° Sur les questions communes à plusieurs arrondissements ou relatives au département tout entier.

Il sera chargé de centraliser et coordonner, sur le renvoi du préfet, les travaux des conseils d'arrondissement.

Il fera chaque année au préfet un rapport général sur les travaux des conseils d'arrondissement.

Ce rapport sera immédiatement transmis par le préfet, avec les pièces à l'appui, au ministre du commerce.

Art. 14. Le ministre de l'agriculture et du commerce est chargé de l'exécution du présent arrêté.

Fait à Paris, le 18 décembre 1848.
Signé : E. CAVAIGNAC.

Le Ministre de l'agriculture et du commerce,
Signé : TOURRET.

ARRÊTÉ.

Le MINISTRE de l'Agriculture et du Commerce,

Vu les articles 1er et 4 de l'arrêté du Chef du pouvoir exécutif, en date du 18 décembre 1848, sur l'organisation des Conseils d'hygiène publique et de salubrité,

ARRÊTE :

Art. 1er. Le nombre des membres des Conseils d'hygiène et de salubrité, tant de département que d'arrondissement, sera fixé conformément au tableau annexé au présent arrêté.

Art. 2. Le nombre des médecins, pharmaciens ou chimistes, et vétérinaires, est fixé, pour chaque Conseil, dans la proportion suivante :

NOMBRE des MEMBRES.	MÉDECINS. (Docteurs en médecine, chirurgiens et officiers de santé.)	PHARMACIENS ou CHIMISTES.	VÉTÉRINAIRES.
10	4	2	1
12	5	3	1
15	6	4	2

Les autres membres sont pris, soit parmi les notables agriculteurs, commerçants ou industriels, soit parmi les hommes qui, à raison de leurs fonctions ou de leurs travaux habituels, sont appelés à s'occuper des questions d'hygiène.

Art. 3. L'ingénieur des mines, l'ingénieur des ponts et chaussées, l'officier du génie chargé du casernement ou, à son défaut, l'intendant ou le sous-intendant militaire, l'architecte du département, les chefs de division ou de bureau de la Préfecture dans les attributions desquels se trouveront la salubrité, la voirie et les hôpitaux, pourront, dans le cas où ils ne feraient pas partie du Conseil d'hygiène publique et de salubrité de leur résidence, être appelés aux délibérations de ce conseil, avec voix consultative.

Art. 4. Dans les cantons où il n'aura pas été établi de commission d'hygiène publique, des correspondants pourront être nommés par le Préfet, sur la proposition du Conseil d'arrondissement.

Art. 5. Les Préfets des départements sont chargés, chacun en ce qui le concerne, de l'exécution du présent arrêté.

Paris, le 15 février 1849.   Signé : BUFFET.

CONSEIL CENTRAL
D'HYGIÈNE PUBLIQUE ET DE SALUBRITÉ.

Un arrêté, en date du 23 juillet 1852, de M. le Marquis de

Sainte-Croix, Préfet de l'Eure, a organisé, ainsi qu'il suit, le Conseil d'hygiène publique et de salubrité du département de l'Eure, réunissant les attributions du Conseil de l'arrondissement d'Evreux :

MM. Fortin, docteur en médecine.
    Bougarel, docteur en médecine.
    Bigot, docteur en médecine.
    Bidault, docteur en médecine.
    Duhordel, docteur en médecine.
    Méry, ingénieur en chef du département de l'Eure.
    Olivier, pharmacien.
    Hérouard, pharmacien.
    Gillot, pharmacien.
    Villain, vétérinaire.
    Bourguignon, architecte.
    P. Borville, conseiller de préfecture.

Le 2 août de la même année 1852, ce Conseil a élu pour vice-président M. Bougarel, et pour secrétaire M. Fortin.

CONSEILS D'ARRONDISSEMENT.

Un arrêté préfectoral des 18 août, 1er, 6 et 7 septembre 1852, a désigné pour faire partie des Conseils d'arrondissement :

Andelys.

MM. Motte, docteur-médecin.
    Delahaye, officier de santé.
    Filleul, docteur-médecin.
    Voyer, vétérinaire.
    Lamer, pharmacien.
    Charpentier, rentier.
    Lamaury, officier de santé.
    Jullien, pharmacien.
    Lemaire, propriétaire.
    Mauger, propriétaire

Bernay.

MM. Jouen, vétérinaire.
Bardet, docteur-médecin.
Lebertre, docteur-médecin.
Couturier, pharmacien.
Benard, pharmacien.
Neuville, docteur-médecin.
Perrier, docteur-médecin.
Marie, maire.
Accard, docteur-médecin.
Bayvel, filateur.

Louviers.

MM. Picard, aîné.
Picard, jeune.
De Saint-Clair.
Corneille.
Lhuillier, père.
Postel, docteur-médecin.
Petel, docteur-médecin.
Jourdain, père.
Guillaume Petit, membre du Conseil général.
Paul Dibon.

Pont-Audemer.

MM. Letorey, docteur-médecin.
Noncher, docteur-médecin.
Guérard, officier de santé.
Leleu, officier de santé.
Malherbe, pharmacien.
Yvelin, pharmacien.
Constantin, vétérinaire.
Partiot, ingénieur des ponts et chaussées.
Lecompte-Desormaux, propriétaire et maire.
Prevost, manufacturier.

ATTRIBUTIONS

DES CONSEILS D'HYGIÈNE PUBLIQUE ET DE SALUBRITÉ.

Le 29 août 1852, dans la séance publique que la Société libre d'agriculture de l'Eure tient, chaque année, à Evreux, le Secrétaire du Conseil d'hygiène, ayant obtenu la parole, s'exprima ainsi :

Messieurs,

En vertu du décret du Pouvoir exécutif, du 18 décembre 1848, M. le Préfet vient, par un arrêté du 23 juillet dernier, de réorganiser le Conseil central d'hygiène publique et de salubrité du département de l'Eure.

Ce conseil central doit chaque année recevoir communication des travaux des conseils d'arrondissement, les coordonner, et ensuite faire parvenir à M. le Préfet un rapport général.

Mais le conseil central et les conseils d'arrondissement ne peuvent être que le prélude de l'organisation des commissions de canton.

Il est nécessaire que les conseils d'hygiène exercent leur bonne influence en quelque sorte sur chaque individu comme sur chaque habitation, et les commissions de canton peuvent seules faire parvenir à cet heureux résultat.

D'ailleurs, M. le Préfet compte avec raison sur le zèle et le dévouement de tous les citoyens pour lui venir en aide dans ces circonstances, et nous sommes certain que tous aussi voudront participer à cette institution qui doit faire jouir nos populations de tout ce que la prévoyance et la sollicitude peuvent faire trouver de favorable à leur bien-être.

Pour moi, Messieurs, nommé secrétaire du comité central, honneur que j'étais loin d'ambitionner, je me trouve aujourd'hui dans l'obligation de prendre part aux travaux de cette séance publique et solennelle, où de brillants rapports vous ont fait apprécier tous les avantages que l'agriculture, les sciences et les lettres trouvent dans la protection bienveillante de la Société libre d'agriculture de l'Eure; et cependant je n'ai point, comme secrétaire, à vous entretenir de travaux achevés, d'améliorations obtenues, je dirais volontiers de devoirs accomplis.

A quoi cela peut-il tenir? A deux choses : la première, à l'absence des commissions de canton et de rapport entre les conseils d'arrondissement et le conseil central. Cette première cause, grâce à l'activité de M. le Préfet, aura bientôt disparu, et bientôt, nous en avons la certitude de la part même de l'honorable magistrat qui préside cette réunion, les conseils d'hygiène auront trouvé une organisation complète dans notre pays.

La seconde que j'énoncerai avec timidité, mais sans crainte d'être convaincu d'erreur, c'est que les conseils d'hygiène ignorent leurs devoirs : ignorent surtout leurs attributions.

Ces attributions, Messieurs, demandent le concours de toutes les sciences: statistique, médecine, chimie, physique, architecture, etc.; et M. le Préfet l'a parfaitement compris en les réunissant toutes dans le conseil central, où elles auront des travaux à faire, des enseignements à donner. Pour s'en convaincre il suffit de jeter un coup d'œil rapide sur ces attributions, et de les énumérer en les appliquant à notre département.

Ainsi *l'assainissement des localités et des habitations* seront, nous n'en pouvons douter, l'objet de travaux importants pour les conseils.

Sous le rapport des localités, quoique le département soit un des plus riches de la France, quoique son agriculture ait fait d'immenses progrès depuis quelques années, l'hygiène n'en demande pas moins encore de grandes et importantes améliorations.

Notre pays, heureux par son agriculture, est aussi un pays

heureux par son industrie. Cette industrie et cette agriculture rencontrent l'une et l'autre un élément précieux de production dans les différents cours d'eau qui traversent notre contrée.

Or, depuis la Seine jusqu'au plus faible ruisseau, nulle part on ne voit de digues *protectrices* qui préservent les terreins *fertiles* contre l'envahissement des eaux, contre des inondations trop fréquentes.

Sans bouleverser les terres, comme quelques fleuves de la France, ces inondations qui se sont succédé quelques années de suite dans plusieurs vallées du département, et notamment dans celles de l'Avre, de la Risle, de l'Eure et de l'Iton, ne sont pas seulement un préjudice à l'agriculture, c'est encore à la santé des habitants qu'elles portent une atteinte grave et sérieuse.

En effet, les habitants de nos vallées, momentanément transformées en marais, éprouvent bientôt l'influence délétère de ces inondations, et paient par des maladies plus ou moins dangereuses un large tribut à cette cause d'insalubrité.

Aussi, à ce point de vue, les conseils d'hygiène auront-ils à réclamer de grands travaux ; à faire connaître qu'il ne faut pas craindre de s'imposer de lourds sacrifices pour prévenir les accidents que nous venons de signaler.

L'endiguement de nos rivières, déjà l'objet d'une étude très-sérieuse de la part de l'administration, sera pour tous l'assurance d'un produit plus certain de la terre et d'une santé à l'abri des causes paludéennes.

Mais, Messieurs, ce que nous venons d'exposer comme simple accident, pour toutes les vallées du département, est à l'état normal dans une des contrées les plus fertiles de notre pays.

Ainsi le Marais-Vernier (2,500 hectares), objet constant de la sollicitude de tous les hommes que le Gouvernement a appelés à administrer notre riche contrée, en est un triste exemple.

Espérons, Messieurs, que la persévérance intelligente des

conseils d'hygiène réaliseront un vœu souvent exprimé, une espérance toujours déçue, c'est qu'ils donneront à la production agricole ces marais qui alors deviendront d'une fertilité extraordinaire.

Quelques points seuls offrent aujourd'hui de magnifiques produits, lorsque toute la surface pourrait en donner de semblables.

Le sol est partout le même, mais ici il est submergé, c'est-à-dire, à l'état de marais ; là au contraire il se trouve dans les conditions les plus heureuses de végétation.

Le dessèchement du Marais-Vernier ferait disparaître, comme le disait M. Zédé, dont le souvenir est resté si honorable dans ce pays, *un foyer permanent d'exhalaisons malfaisantes*, qui, chaque année, altèrent la santé des habitants, si elles ne la détruisent ; de plus, *il effacerait de la carte du département une désignation qui fait tache depuis trois siècles au milieu des riches campagnes de l'arrondissement de Pont-Audemer* ([1]).

Sous le rapport des habitations, les conseils d'hygiène ont à demander dans tout le département l'exécution de la loi sur les logements insalubres.

C'est une erreur, Messieurs, de penser que l'insalubrité des habitations n'ait lieu qu'au sein des villes ; cette insalubrité peut se rencontrer au milieu des plaines les mieux aérées.

Sans doute les habitations de nos campagnes ont dans ces derniers temps été mieux construites : simples, elles ont cependant été établies avec des conditions d'une hygiène plus salubre ; mais souvent encore elles laissent beaucoup à désirer pour être irréprochables selon la science hygiénique.

Messieurs, nous ne pouvons oublier, nous qui avons deux fois assisté, à quelques années de distance, à l'invasion de deux

---

([1]) Voir les rapports de M. Zédé au Conseil général de l'Eure.

cruelles épidémies, le choléra; que là où il y avait un foyer d'insalubrité, là aussi le fléau a sévi avec plus de rigueur.

Pour les conseils d'hygiène, c'est toujours un devoir à remplir que de chercher les mesures à prendre pour prévenir et combattre les maladies *endémiques, épidémiques* et *transmissibles.*

C'est par une étude approfondie des causes de la marche et de la propagation de ces maladies que l'on peut obtenir le résultat désiré, celui de prévenir ces affections quand cela est possible, et de les combattre avec efficacité si elles n'ont pu être prévenues.

Une maladie qui presque chaque année exerce de tristes ravages sur un arrondissement de notre département devra fixer d'une manière particulière les méditations des conseils d'hygiène. J'ai nommé la suette miliaire qui semble avoir pris domicile dans les environs de Bernay, et qui cette année encore, pour quelques communes, a été une maladie aussi meurtrière que les épidémies les plus funestes.

Les *épizooties* seront encore pour eux l'objet de précieuses investigations. Souvent par leurs avis ils auront arrêté le mal à son origine, et s'ils ne peuvent toujours le conjurer, du moins ils l'auront amoindri.

Un fait qui souvent m'a été signalé et dont, jusqu'à ce jour, comme physiologiste, je n'ai pu me rendre compte, n'échappera peut-être pas aux conseils d'hygiène. Je veux parler de ces maladies qui fondent à l'improviste sur les chevaux, sur les vaches ou les moutons de nos exploitations rurales. La science, jusqu'à ce jour, n'a rien dit de satisfaisant sur ce point; espérons qu'elle sera plus heureuse dans l'avenir.

L'organisation et les distributions de secours médicaux aux malades indigents appartiennent aussi aux conseils d'hygiène.

M. le Préfet a élaboré sur ce point un travail important, et il a sollicité près du Conseil général une grande amélioration dans l'assistance publique; il a demandé pour nos campagnes ce qui jamais ne fait défaut dans les villes aux grandes misères : c'est que la porte de nos hospices pût s'ouvrir devant toute souffrance. D'ailleurs ce qu'a désiré M. le Préfet pour le département de l'Eure existe déjà depuis trois ans dans le Loiret, où M. Dubessey a organisé des secours médicaux pour les indigents d'une manière complète, et où cette institution a produit les meilleurs résultats. Ainsi douze mille indigents ont pu recevoir gratuitement, à l'aide d'une légère subvention du Conseil général et surtout de dons volontaires, tous les secours que réclamait leur santé.

Mais les commissions de canton pourront seules commencer à réaliser la mise en pratique de cette œuvre de l'assistance publique.

Les moyens d'améliorer les conditions sanitaires des populations industrielles et agricoles sont encore dans les attributions des conseils d'hygiène. Tous, vous connaissez les produits si variés de notre pays. Chaque ville, et presque chaque commune, a son industrie particulière. Je ne chercherai point à en faire ici l'énumération, elle serait trop longue et ne vous apprendrait rien que vous ne sachiez.

Ces industries, Messieurs, offrent à nos populations ouvrières des moyens de pourvoir à leur subsistance et leur accorde quelquefois une grande prospérité; mais il semble que rien ici-bas ne puisse être sans compensation, et on peut dire sans crainte d'erreur : chaque industrie, comme chaque profession, trouve à côté du bien une cause de mal.

C'est à diminuer le mal que s'attacheront les conseils d'hygyène, et nul doute qu'ils ne parviennent à l'amoindrir.

Ils doivent encore porter leurs investigations sur *toute cause d'insalubrité permanente ou passagère résidant dans les ate-*

liers, écoles, hôpitaux, casernes, prisons, etc.; mais dans ces circonstances ils sont presque toujours appelés par l'autorité, et alors leur mission est facile à remplir.

Les enfants trouvés fixeront aussi l'attention des conseils d'hygiène, soit qu'il s'agisse *des tours, des nourrices disséminées dans nos campagnes, de la mortalité des enfants naturels ou de leur éducation.*

Toute altération et falsification des substances alimentaires ou médicaments peuvent être recherchées par les conseils, et leur conduite lors de la dernière invasion du choléra a démontré qu'ils avaient apprécié sous ce rapport toute l'importance de leurs fonctions.

Nommer *les établissements d'eaux minérales*, c'est désigner de nouvelles recherches pour les conseils d'hygiène, s'il venait à se former de ces établissements dans notre département.

Ceux réputés *dangereux, insalubres et incommodes*, ceux encore *d'utilité publique*, doivent être aussi pour les conseils d'hygiène l'objet d'études.

Publier la *topographie médicale* de chaque commune, établir sa *statistique*, donner chaque année les *documents relatifs à la mortalité et à ses causes*, sont encore du domaine des conseils d'hygiène.

Ainsi par la topographie et la statistique ils viendront en aide à la Société libre d'agriculture, pour la publication de la statistique générale du département à laquelle le Conseil général porte un si vif intérêt.

D'une autre part ils réclameront avec instance qu'une mesure qui existe depuis long-temps dans la ville d'Evreux devienne générale dans le département.

Dans la ville d'Evreux, les actes de décès ne sont dressés qu'après que la mairie a reçu un certificat constatant la mort et le genre de maladie qui a enlevé à la société un de ses membres.

Ce certificat, qui émane d'un homme de l'art, fournit tous les renseignements relatifs à la mortalité et à ses causes.

Si quelque chose peut paraître étrange, alors que chaque jour on constate des inhumations précipitées, que chaque jour la justice procède à des exhumations quelquefois tardives, c'est que cette mesure n'ait pas été imposée par la loi, elle qui exige que l'homme à sa naissance soit présenté à la municipalité. En France naître serait donc quelque chose, mourir ne serait rien ?

La *vaccine*, Messieurs, est aussi dans les attributions des conseils d'hygiène ; les fonds que le Conseil général porte chaque année à son budget permettent d'offrir une légère indemnité aux efforts et aux déplacements que nécessitent les vaccinations gratuites qui se pratiquent dans le département, et bientôt les noms de ceux qui ont mérité ces récompenses et cet honneur seront proclamés dans cette enceinte. Merci à leur zèle et à leur dévouement (¹).

Mais la vaccine dans notre pays a-t-elle produit tout ce qu'elle doit et peut produire ? Messieurs, cacher la vérité serait une faute, nous ne la commettrons pas. Non, chez nous, la vaccine ne porte pas tous les fruits que l'on a droit d'en attendre.

Tous les médecins-vaccinateurs dont les tableaux sont parvenus au conseil central révèlent ce fait : c'est que tous, pendant l'année 1851, ont constaté de nombreux exemples de petite-vérole.

Quelques uns même signalent, dans leurs mémoires pleins d'intérêt, de véritables épidémies de cette affreuse maladie qui souvent s'est terminée par la mort.

Ces révélations, Messieurs les Membres du Conseil général, justifient pleinement les encouragements que vous accordez cha-

---

(¹) Voir page 19.

que année à la propagation gratuite de la vaccine; mais elles démontrent aussi que les conseils d'hygiène auront à redoubler d'efforts pour vaincre l'indifférence des populations pour le plus grand bienfait qu'il ait été donné à l'homme de découvrir.

Sous ce rapport les conseils d'hygiène auront à demander une plus grande sévérité dans la vérification de la vaccination près des enfants, pour les admettre soit dans nos salles d'asile, soit dans nos écoles publiques ou privées.

C'est d'une manière bien incomplète que je viens de vous exposer les attributions des conseils d'hygiène pour notre département : ce que je vous en ai dit néanmoins doit suffire pour vous en faire apprécier l'importance. Leur rôle sera sans éclat, mais leurs travaux seront utiles, et ils auront sans aucun doute une heureuse influence sur l'état sanitaire de notre pays.

C'est vous surtout, Messieurs les Membres du Conseil général, investis de la confiance des populations, jouissant d'une juste considération, qui releverez par l'importance que vous y attacherez le prix de ces travaux obscurs, travaux auxquels nous espérons vous voir vous associer par votre concours et vos sympathies.

A la suite de ce rapport, M. Bougarel a donné lecture de l'arrêté de M. le Préfet, ainsi conçu :

Du 7 août 1852.

Nous **PRÉFET** du département de l'Eure,

Vu l'arrêté réglementaire du 20 juillet 1810, sur le service de la vaccine ;

Le budget départemental pour l'exercice 1852 ;

Le rapport du comité central de vaccine sur les travaux de

l'année 1851 et ses propositions sur les encouragements à décerner aux vaccinateurs les plus zélés :

ARRÊTONS :

Art. 1er. Les récompenses et indemnités ci-après détaillées sont accordées aux vaccinateurs dont les noms suivent :

NOMS ET DEMEURES DES VACCINATEURS, Docteurs-Médecins, Officiers de santé et Sages-Femmes.	RÉCOMPENSES ACCORDÉES	
	Arg^t.	Livres, médailles, etc.
M. Guilbert, docteur-médecin au Neubourg....................	»	médaille d'or de 150 f.
M. Ozanne, officier de santé à Pont-Audemer.................	100	en livres de médecine.
M. Baudry, docteur-médecin à Evreux..	100	idem.
Mme Maillard, sage-femme à Garennes..	100	»
M. Leclerc, officier de santé à Bourg-Achard.....................	80	en livres de médecine.
Mme Lozier, sage-femme à Pacy-s^t-Eure.	70	»
Mme Maupin, sage-femme à la Croix-St-Leufroy........................	70	»
M. Levesque, officier de santé à Beuzeville.....................	100	en livres de médecine.
M. Bocage, étudiant en médecine, aux Baux-de-Breteuil................	50	»
Mme Henry, sage-femme à Evreux......	50	»
M. Petit, officier de santé à Pont-Saint-Pierre......................	50	en livres de médecine.
M. Lallemand, docteur-médecin à Pont-de-l'Arche...................	»	une méd^{le} d'or de 50 f.
Mme Morin, sage-femme à Nonancourt..	45	»
M. Goujon, offic^r de santé au Vaudreuil.	»	médaille d'arg^t de 25 f.
M. Danzel, officier de santé à la Ferrière-sur-Risle.................	»	ment. très-honorable.
Mme Boudinet, sage-femme à Damville..	50	en un lancetier.
Mme Chevrel, sage-femme à Pacy.......	50	idem.
Mme Desmares, sage-femme à St-Ouen-de-la-Londe...................	50	idem.
Mme Moutardier, sage-femme à Boisney.	50	idem.
Mme Buquet, sage-femme à Quittebeuf..	»	mention honorable.

RÉCAPITULATION :

Récompenses en argent	385 fr.	
— en médailles	225	
— en lancetiers	120	
— en livres	430	

Total des récompenses...... ....1,160 francs.

Art. 2. Les sommes nécessaires pour se procurer les objets à décerner à titre de récompenses et celles pour gratifications seront prélevées sur les fonds du budget départemental affectés à cette dépense.

Art. 3. Expédition du présent arrêté sera remise au bureau de la comptabilité départementale comme pièce justificative des mandats à délivrer.

Art. 4. Le présent sera inséré au *Recueil des Actes administratifs*, et un exemplaire en sera adressé au secrétaire de la Société libre de l'Eure, pour prendre place au Recueil de cette société.

A Evreux, les jour, mois et an susdits.

Le Préfet, Signé : Mis DE SAINTE-CROIX.

Pour expédition conforme :

Le Conseiller de préfecture, Secrétaire général,

HUREL.

Evreux. — CANU, Imprimeur de la Préfecture.

www.ingramcontent.com/pod-product-compliance
Lightning Source LLC
Chambersburg PA
CBHW060455050426
42451CB00014B/3341